Ratgeber zur Analyse gegen Mobbing am Arbeitsplatz

Analyse Buch gegen Mobbing am Arbeitsplatz für den Arbeitgeber sowie Mitarbeiter

Selina Engels
2023

tredition

© 2023 Selina Engels

Lektorat von: Selina Engels

Druck und Distribution im Auftrag des Autors:
tredition GmbH, An der Strusbek 10, 22926 Ahrensburg,
Germany

Vorwort:

Aus eigener Erfahrung die ich persönlich durch Mobbing erleben musste am Arbeitsplatz, bis hin von rassistischen sowie Beleidigungen meines äußerlichen Erscheinungsbild...Ich sagte damals nichts zu meinem Chef, was ich bis heute wirklich bereue.Ich schämte mich eventuell überhaupt jemanden darüber zu erzählen,was im Nachhinein nur mir selbst geschadet hat...

Zu diesem Buch

Dieser Ratgeber mit Beispiel haften integriertem Notizbuch soll ihnen und ihrem Unternehmen ein besseres Arbeitsklima verschaffen,durch Eintragungen der Mitarbeiter kann der Arbeitgeber/Leitender Mitarbeiter sehen wer gerne und oft andere mobbt und mit der Person darüber sprechen,und ihn somit ermahnen.

Warum ich diesen Ratgeber erstellt habe

In unserer heutigen zeit ist Mobbing sehr weit verbreitet und dazu noch täglich präsent,Bei mir fang Mobbing schon in der Schulzeit an Beleidigungen und rassistische Bemerkungen waren öfters mal dabei , danach fing es auch in der großen Arbeitswelt an mit lustige Bemerkungen über mein äußerliches Erscheinungsbild bis hin zu meiner Nationalität,ich hatte damals einfach nicht den Mut mich zu verteidigen,da ich nicht noch mehr Aufmerksamkeit erreichen wollte lies ich dumme Bemerkungen über mich ergehen....Im Nachhinein bereue ich es sehr das ich zu niemanden etwas gesagt habe,weder zum Chef noch zum Leiter des Unternehmens.

Wie kommt es überhaupt zu Mobbing ?

Nach meiner Einsicht geht es uns in unserer heutigen zeit einfach zu gut,sprich wir haben essen und trinken direkt vor der Haustür,und sind einfach (Nicht alle von uns) zu verwöhnt.

Jeder von uns besitzt mittlerweile ein Smartphone und kann sich leicht etwas im Internet bestellen ohne das Haus zu verlassen,damals musste man täglich ums überleben kämpfen und jagen um etwas überhaupt essen zu können , Mobbing war damals noch nicht einmal geboren...zudem machen es die Medien und das Fernseher auch nicht besser sie zeigen immer das Perfekte Schönheitsideal was schon in den 90er begann mit Schlanken Models mit Hübschen Gesichtern zudem Junge Boybands die alle Gut aussahen...ich möchte damit nicht sagen das man nicht gemobbt wird wenn man gut aussieht jedoch war das soweit ich mich erinnere deutlich weniger bei denen die Sehr gut aussahen,aber auch dann fanden mobber einen weg um auch diese Personen irgendwie zu mobben...Es ist auch normal das man über andere spricht was wäre der Mensch wen er das nicht täte eine Maschine ? aber bis zu einem gewissen Maße kann man es verstehen jedoch sollte man sich falsche Behauptungen und oft es mobben nicht gefallen lassen !

Welche maßnahmen sollte ich ergreifen?

Zunächst einmal sollte man ein Persönliches Gespräch mit dem Mobber suchen am besten unter vier Augen,manchmal ist es dem mobber nicht ganz bewusst das er sie damit verletzt bzw.. Angreift für die Person ist das vielleicht ein Zeitvertreib oder auch nimmt er die Wörter nicht so ernst,ein ernstes Gespräch sollte der Person die Augen öffnen und er sollte auch einsichtig sein ! Sollte er danach weiter mobben und sogar mehr dann empfehle ich_das man mit dem Chef oder auch leitendem Mitarbeiter spricht denn so was ist das mit voller Absicht und ohne Rücksicht auf seine Mitmenschen was in einem Unternehme Nichts zu suchen hat !

Zudem gilt wenn sie der Arbeitgeber/Leitender Mitarbeiter sind und anhand des Protokoll sehen das die Person xxxxxxx oft andere mobbt auch diesen zur rede stellen ! Denn wie bereits mein Opa sagte **Nur ein wohlfühlender Mitarbeiter leistet auch gute Mitarbeit !**

Mein Opa und das gesunde Arbeitsklima

Mein Opa der bereits im Jahr 2012 verstorben ist , bemühte sich sehr das es unter den Mitarbeitern respektvoll und ordentlich zuging , mein Opa führte ein sogenanntes Arbeiter Beschwerde Buch das so ähnlich wie ich es in diesem Buch auf den letzten Seiten entworfen habe aussah , er gab es dem Leiterndem Mitarbeiter und sagte das dieses Buch auf dem Tisch lege und falls ein Mitarbeiter beleidigt wird oder auch ähnliches solle es es hier in diesem Buch eintragen , nach ca. 3 Wochen schaute sich mein Opa das Buch an...stellte er fest das eine gewisse Person oft andere beleidigt oder auch mobbte dann sagte mein Opa Herr xxxxxx bitte kommen sie mal in mein Büro wir müssen sprechen,nach dem gespräch fiel diese Person nicht mehr im Beschwerde Buch auf,jedoch wurde das sogenannte Beschwerde Buch von meinem Opa nicht abgesetzt er lies es wie üblich am Montag bis zu 3 Wochen den

Mitarbeitern auf dem Tisch und sprach auch mit den Personen die Beleidigt wurden wie ihr Wohlbefinden ist,an seiner Beerdigung kamen wirklich sehr sehr viele Menschen das lieg daran das ... mein Opa viel wert auf das wohl der Mitarbeiter legte,und sie schätzten das sehr.

Nun denn kommen wir zu meinem Selbstentworfenem Beschwerde Buch , sie können es als Arbeitgeber sowie Leitender Mitarbeiter benutzten wie bereits erwähnt kann man sehen wer oft und regelmäßig mobbt und diese Person auch dann zur rede stellen ! denn auch für sie als Arbeitgeber muss es ihnen wichtig sein das in ihrem betrieb ein gesundes Arbeitsklima herrscht.

Was ist der Sinn dieses Ratgeber?

Der Sinn besteht darin das sie als Arbeitgeber ihrer Firma/Unternehmen für ein Gesundes Arbeitsklima sorgen , und das ihre Mitarbeiter sich bei der Arbeit wohlfühlen.

Alternativ können sie es auch für sie Persönlich nutzten und es dem Arbeitgeber vorzeigen ggf... Auch dem Leitenden Mitarbeiter,sowie Psychologen der Jobcenter usw..

Ich weise daraufhin das sie nur Wahrheitsgemäße angaben in dieses Buch eintragen sollen (Was sie mit ihrer Unterschrift auf der Letzten Seite bestätigen) Falsche angaben oder auch einer Person durch Falschangaben zu schaden sollten sie Unterlassen ! Da sie sich damit selbst schaden und nicht Besser als die Mobber wären !

Auf der nächsten können sie oder ihre Mitarbeiter ihre Beschwerden durch das Mobbing eintragen ,

Ich wünsche ihnen und ihrem Unternehmen ein Glückliches und wohl befindliches Arbeitsklima

Ihre
Selina Engels

Analyse gegen Mobbing

am
Arbeitsplatz

für
Arbeitgeber/Mitarbeiter

Dieses Anti-Mobbing Buch gehört

dem

Mitarbeiter:_____

oder

Arbeitgeber/Firma_____

Dieses Anti Mobbing Analyse Buch soll dafür dienen, wenn man am Arbeitsplatz gemobbt wird als Mitarbeiter.

Der Arbeitgeber kann anhand dieser Analyse sehen, wer besonders oft und regelmäßig andere mobbt, und somit mit dem Mobber sprechen und eventuelle Maßnahmen ergreifen.

Jeder Mensch verdient einen respektvollen Umgang, egal welcher Herkunft, Religion oder Hautfarbe

*Kann Nützlich sein als Vorlage
beim:
Arbeitgeber
Psychologen/in
Arbeitsamt/Jobcenter
Anwälten
Arbeitsgerichten*

Denn nur ein gesundes & respektvolles miteinander gewährleistet ein erfolgreiches Unternehmen und einen zufrieden Mitarbeiter und ein positives Arbeitsklima!

Egal ob man Selbst oder Andere gemobbt werden,ob seelisch, sexuell oder rassistisch, usw....

GIBT MOBBING KEINE CHANCE !

Wer wurde Gemobbt ? :

_____

Art des Mobbing:

_____

Datum & Uhrzeit:

_____

Name des Mobbers/Mitarbeiter:

_____

Wer wurde Gemobbt ? :

_____

Art des Mobbing:

_____

Datum & Uhrzeit:

_____

Name des Mobbers/Mitarbeiter:

_____

Wer wurde Gemobbt ? :

_____

Art des Mobbing:

_____

Datum & Uhrzeit:

_____

Name des Mobbers/Mitarbeiter:

_____

Wer wurde Gemobbt ? :

_____

Art des Mobbing:

_____

Datum & Uhrzeit:

_____

Name des Mobbers/Mitarbeiter:

_____

Wer wurde Gemobbt ? :

_____

Art des Mobbing:

_____

Datum & Uhrzeit:

_____

Name des Mobbers/Mitarbeiter:

_____

Wer wurde Gemobbt ? :

_____

Art des Mobbing:

_____

Datum & Uhrzeit:

_____

Name des Mobbers/Mitarbeiter:

_____

Wer wurde Gemobbt ? :

_____

Art des Mobbing:

_____

Datum & Uhrzeit:

_____

Name des Mobbers/Mitarbeiter:

_____

Wer wurde Gemobbt ? :

_____

Art des Mobbing:

_____

Datum & Uhrzeit:

_____

Name des Mobbers/Mitarbeiter:

_____

Wer wurde Gemobbt ? :

_____

Art des Mobbing:

_____

Datum & Uhrzeit:

_____

Name des Mobbers/Mitarbeiter:

_____

Wer wurde Gemobbt ? :

_____

Art des Mobbing:

_____

Datum & Uhrzeit:

_____

Name des Mobbers/Mitarbeiter:

_____

Wer wurde Gemobbt ? :

_____

Art des Mobbing:

_____

Datum & Uhrzeit:

_____

Name des Mobbers/Mitarbeiter:

_____

Wer wurde Gemobbt ? :

_____

Art des Mobbing:

_____

Datum & Uhrzeit:

_____

Name des Mobbers/Mitarbeiter:

_____

Wer wurde Gemobbt ? :

_____

Art des Mobbing:

_____

Datum & Uhrzeit:

_____

Name des Mobbers/Mitarbeiter:

_____

Wer wurde Gemobbt ? :

_____

Art des Mobbing:

_____

Datum & Uhrzeit:

_____

Name des Mobbers/Mitarbeiter:

_____

Wer wurde Gemobbt ? :

_____

Art des Mobbing:

_____

Datum & Uhrzeit:

_____

Name des Mobbers/Mitarbeiter:

_____

Wer wurde Gemobbt ? :

_____

Art des Mobbing:

_____

Datum & Uhrzeit:

_____

Name des Mobbers/Mitarbeiter:

_____

Wer wurde Gemobbt ? :

_____

Art des Mobbing:

_____

Datum & Uhrzeit:

_____

Name des Mobbers/Mitarbeiter:

_____

Wer wurde Gemobbt ? :

_____

Art des Mobbing:

_____

Datum & Uhrzeit:

_____

Name des Mobbers/Mitarbeiter:

_____

Wer wurde Gemobbt ? :

_____

Art des Mobbing:

_____

Datum & Uhrzeit:

_____

Name des Mobbers/Mitarbeiter:

_____

Wer wurde Gemobbt ? :

_____

Art des Mobbing:

_____

Datum & Uhrzeit:

_____

Name des Mobbers/Mitarbeiter:

_____

Wer wurde Gemobbt ? :

_____

Art des Mobbing:

_____

Datum & Uhrzeit:

_____

Name des Mobbers/Mitarbeiter:

_____

Wer wurde Gemobbt ? :

_____

Art des Mobbing:

_____

Datum & Uhrzeit:

_____

Name des Mobbers/Mitarbeiter:

_____

Wer wurde Gemobbt ? :

_____

Art des Mobbing:

_____

Datum & Uhrzeit:

_____

Name des Mobbers/Mitarbeiter:

_____

Wer wurde Gemobbt ? :

_____

Art des Mobbing:

_____

Datum & Uhrzeit:

_____

Name des Mobbers/Mitarbeiter:

_____

Wer wurde Gemobbt ? :

_____

Art des Mobbing:

_____

Datum & Uhrzeit:

_____

Name des Mobbers/Mitarbeiter:

_____

Wer wurde Gemobbt ? :

_____

Art des Mobbing:

_____

Datum & Uhrzeit:

_____

Name des Mobbers/Mitarbeiter:

_____

Wer wurde Gemobbt ? :

_____

Art des Mobbing:

_____

Datum & Uhrzeit:

_____

Name des Mobbers/Mitarbeiter:

_____

Wer wurde Gemobbt ? :

_____

Art des Mobbing:

_____

Datum & Uhrzeit:

_____

Name des Mobbers/Mitarbeiter:

_____

Wer wurde Gemobbt ? :

_____

Art des Mobbing:

_____

Datum & Uhrzeit:

_____

Name des Mobbers/Mitarbeiter:

_____

Wer wurde Gemobbt ? :

_____

Art des Mobbing:

_____

Datum & Uhrzeit:

_____

Name des Mobbers/Mitarbeiter:

_____

Wer wurde Gemobbt ? :

_____

Art des Mobbing:

_____

Datum & Uhrzeit:

_____

Name des Mobbers/Mitarbeiter:

_____

Wer wurde Gemobbt ? :

_____

Art des Mobbing:

_____

Datum & Uhrzeit:

_____

Name des Mobbers/Mitarbeiter:

_____

Wer wurde Gemobbt ? :

_____

Art des Mobbing:

_____

Datum & Uhrzeit:

_____

Name des Mobbers/Mitarbeiter:

_____

Wer wurde Gemobbt ? :

_____

Art des Mobbing:

_____

Datum & Uhrzeit:

_____

Name des Mobbers/Mitarbeiter:

_____

Wer wurde Gemobbt ? :

_____

Art des Mobbing:

_____

Datum & Uhrzeit:

_____

Name des Mobbers/Mitarbeiter:

_____

Wer wurde Gemobbt ? :

_____

Art des Mobbing:

_____

Datum & Uhrzeit:

_____

Name des Mobbers/Mitarbeiter:

_____

Wer wurde Gemobbt ? :

_____

Art des Mobbing:

_____

Datum & Uhrzeit:

_____

Name des Mobbers/Mitarbeiter:

_____

Wer wurde Gemobbt ? :

_____

Art des Mobbing:

_____

Datum & Uhrzeit:

_____

Name des Mobbers/Mitarbeiter:

_____

Wer wurde Gemobbt ? :

_____

Art des Mobbing:

_____

Datum & Uhrzeit:

_____

Name des Mobbers/Mitarbeiter:

_____

Wer wurde Gemobbt ? :

_____

Art des Mobbing:

_____

Datum & Uhrzeit:

_____

Name des Mobbers/Mitarbeiter:

_____

Wer wurde Gemobbt ? :

_____

Art des Mobbing:

_____

Datum & Uhrzeit:

_____

Name des Mobbers/Mitarbeiter:

_____

Wer wurde Gemobbt ? :

_____

Art des Mobbing:

_____

Datum & Uhrzeit:

_____

Name des Mobbers/Mitarbeiter:

_____

Wer wurde Gemobbt ? :

_____

Art des Mobbing:

_____

Datum & Uhrzeit:

_____

Name des Mobbers/Mitarbeiter:

_____

Wer wurde Gemobbt ? :

_____

Art des Mobbing:

_____

Datum & Uhrzeit:

_____

Name des Mobbers/Mitarbeiter:

_____

Wer wurde Gemobbt ? :

_____

Art des Mobbing:

_____

Datum & Uhrzeit:

_____

Name des Mobbers/Mitarbeiter:

_____

Wer wurde Gemobbt ? :

_____

Art des Mobbing:

_____

Datum & Uhrzeit:

_____

Name des Mobbers/Mitarbeiter:

_____

Wer wurde Gemobbt ? :

_____

Art des Mobbing:

_____

Datum & Uhrzeit:

_____

Name des Mobbers/Mitarbeiter:

_____

Wer wurde Gemobbt ? :

_____

Art des Mobbing:

_____

Datum & Uhrzeit:

_____

Name des Mobbers/Mitarbeiter:

_____

Alle Angaben die in diesem Buch Notiert sind
entsprechen der Wahrheit
das Bestätige ich hiermit mit meiner Unterschrift das
alle Angaben wahrheitsgemäß sind !

Unterschrift der/des Mitarbeiter/in

_____

_____

_____

_____

_____

Zeitfracht Medien GmbH
Ferdinand-Jühlke-Straße 7
99095 Erfurt, Deutschland
produktsicherheit@kolibri360.de

—